RAFFAELE CARDONE

SERGIO BRUNI: LA VOCE DI NAPOLI

Raffaele Cardone
Sergio Bruni: La voce di Napoli

Associazione Pro Loco Villaricca
Corso Vittorio Emanuele, 78 (Palazzo Pirozzi)
80010 – Villaricca (NA)
www.prolocovillaricca.it

TEL/FAX 081. - 8191224 – EMAIL info@prolocovillaricca.it – PEC prolocovillaricca@pec.it – C.F. 94069320631

Tutti i proventi dell'opera verranno destinati alle attività sociali dell'Associazione Proloco Villaricca.

ISBN 978-88-6202-001-5

Finito di stampare il 12/06/2020
Prima edizione

A chi mostra le stelle aprendo gli occhi.

PREFAZIONE

Un grande plauso da parte mia va al musicista Raffaele Cardone per il suo tenace e ampio lavoro di ricerca e di riscoperta della musica di Sergio Bruni. Lo scorso 9 Aprile 2019, avendo assistito alla discussione della sua tesi dal titolo "Sergio Bruni: la voce di Napoli" ho visto nell'ampio e radicale lavoro di Raffaele Cardone una forte e verace voglia di andare alle radici della musica napoletana, attraverso la complessa teoria e la ricercata pratica, seguendo le orme di un gigante del panorama musicale italiano come il direttore d'orchestra Riccardo Muti che già qualche tempo fa aveva detto che chi vuole studiare seriamente la musica deve studiare Sergio Bruni. Il musicista Raffaele Cardone ha messo in pratica questo insegnamento, con la sua affermata esperienza nel mondo musicale non solo italiano ma globale è riuscito a far ricordare un grande nome, forse il più grande che il panorama musicale napoletano abbia mai avuto, Guglielmo Chianese, in arte Sergio Bruni. La mia stima e il mio plauso vanno anche agli ideatori del Master in "Esperto in canzone e lingua napoletana" presso il conservatorio di Musica di Salerno Giuseppe Martucci, ovvero la docente di Storia della Musica e membro del consiglio direttivo della Società Italiana di Musicologia Francesca Seller e il rinomato musicologo napoletano Pasquale Scialò. Il rapporto con quest'ultimo non è nuovo, la sua sensibilità e la sua voglia di far rivivere la musica di Sergio Bruni lo hanno da sempre legato ai giovani talenti che nonostante la tenera età e il susseguirsi delle generazioni sono rimasti ancorati alle proprie nobili radici. È il caso di Monica Tambaro, che già nel 2004 lavorò con Pasquale Scialò a una tesi dal titolo Il corpo della voce. Interprete Sergio Bruni, nella quale emergevano i tratti distintivi di un'arte, quella musicale, che Sergio Bruni è riuscito ad innalzare a rango di patrimonio culturale mondiale. Monica Tambaro e Raffaele Cardone sono due valorosi studiosi e ricercatori che si sono immolati nell'arduo compito di ristabilire le gerarchie musicali e di ridare vigore artistico a un genere, quello della musica classica napoletana, che trova difficile collocazione in un'epoca come quella di oggi dove il mix di generi e la confusione artistica ne fanno da padroni. Il mio auspicio è che siano soltanto i primi due di una lunga serie di studiosi di musica dei tempi moderni che decidano di attuare questo arduo compito di rivalorizzazione di un gigante della musica definito dallo stesso Eduardo De Filippo "A voce 'e napule". Un lavoro, quello di Raffale Cardone, che non si limita alla teoria ma che opera soprattutto nella pratica, grazie al suo forte impegno umano e sociale nel figurare sempre in prima linea in eventi di valorizzazione del Cantore di Villaricca. Di grande rilievo è la sua attenzione e il suo insegnamento rivolti alle diverse edizioni del Premio Villaricca Sergio Bruni, ideato e organizzato dalla Pro Loco di Villaricca di cui sono il

Presidente. Un impegno che nasce nel lontano 2001, proseguito poi negli anni, con l'obiettivo di avvicinare le nuove generazioni alla musica classica napoletana, riuscendo a portare, nelle ultime due edizioni, più di 1000 ragazzi, provenienti dalle scuole di tutta la Regione Campania, all'auditorium della Rai di Napoli. È in questa stessa tesi che l'autore, omaggiando l'iniziativa della Pro Loco, scrive: "Andrebbe portato avanti il progetto e fatto rivivere il ***Premio Villaricca Sergio Bruni. La canzone napoletana nelle scuole*** *con uno spirito di lotta e di contrasto alle brutture e alla greve cancellazione della cultura e della lingua napoletana a cui si assiste troppo spesso e che ha per complice il dissesto economico e la costrizione all'emigrazione dei nostri giovani". Questa tesi, così come tutto il lavoro precedentemente svolto da Raffaele, si va a collocare in un ampio progetto di rivalorizzazione di Sergio Bruni, che noi cittadini villaricchesi abbiamo l'obbligo morale e culturale di portare avanti, soprattutto in occasione dell'anno venturo, il 2021, anno del centenario del Maestro affinché la sua figura, la sua musica e la sua arte risuonino, a gran voce, in tutto il mondo. La musica di Sergio Bruni infatti, definita dal musicologo Roberto De Simone come "favoloso innesto tra mondo contadino e mare di Napoli" non si ferma al capoluogo campano ma parte dalle salde radici villaricchesi, si espande a tutto il golfo partenopeo per poi raggiungere ogni angolo* *del pianeta come è dimostrato dalla sua indimenticabile performance alla Carnage Hall di New York, insieme al maestro Gianni Aterrano e a un giovanissimo ragazzo dalla voce possente, Gianni Rock, nome d'arte di quello che poi diventerà Massimo Ranieri.*

Villaricca, 12/06/2020

Dott. Armando De Rosa
Presidente
Pro Loco Villaricca

Introduzione

Scrivere di Sergio Bruni si è rivelato subito molto complesso. È stato un Artista completamente fuori dagli schemi, che si è saputo mettere in gioco con estrema dedizione e professionalità sempre ed in ogni istante della sua vita.

Non ha mai ceduto a stilemi precostituiti né ha subito il fascino commerciale della massificazione globale. Sergio Bruni è memoria da preservare e custodire con intensità ed amore per le generazioni a venire.

Nel periodo più difficile e buio per il meridione e la storia d'Italia, nasce un interprete dalle doti musicali ed artistiche inedite. Sapiente esponente di una scuola napoletana di internazionale caratura, ha vissuto in prima persona il dramma della povertà da cui si è riscattato con l'amore per la musica e per le persone da lui amate che lo circondavano, il dramma della seconda guerra mondiale e del fagocitante regime fascista, del quale ha compreso in piena guerra lo squallore opponendosi fino a partecipare alle Quattro giornate di Napoli in cui è restato ferito e con una invalidità permanente. Sergio Bruni ha lottato. In ogni modo e sempre. Ha lottato anche opponendosi con fierezza e cultura ai selvaggi ed inopportuni battiti di mani a ritmo durante la performance televisiva RAI, così come ha lottato contro i tempi imposti che nulla hanno a che vedere con i tempi dell'arte, quella vera. Sergio Bruni è storia.

Sergio Bruni è storia di un popolo e di una tradizione fatta uomo. Non è soltanto un artista è molto di più. È il vento di un cambiamento da lui afferrato e diretto. Sergio Bruni è il protagonista di più alto profilo che il popolo potesse generare, in una periferia, quella di Napoli Nord e per la precisione Panicocolo (ora Villaricca), che vide la storia da protagonista. Da qui, dove sto scrivendo ora, un tempo la canonica della chiesa del Purgatorio di Villaricca (fu tra le prime chiese dell'area a vendere le indulgenze sotto Papa Clemente X), si ode l'eco della storia d'Italia e d'Europa. Ruggero il Normanno la cinse d'assedio per sette anni (1134) e la tomba di Scipione l'africano è a pochi chilometri (Liternum), così come Cuma e la sua Sibilla Deifobe di Glauco, sacerdotessa di Apollo che Virgilio rese cara ad Enea, ed ancor più vicini sono i racconti di Gianbattista Basile nella confinante Giugliano e sembra che Adriana, sua sorella dalla voce strepitosa, ancora si possa ascoltare nei melismi arabi e nelle note dei mercanti popolani. Queste ed altre imponenti interazioni alchemiche si odono nella La voce di Napoli, quella vera, Sergio Bruni.

Guglielmo Chianese è il nome di battesimo di Sergio Bruni. Nacque a Villaricca (Napoli) il 15 settembre 1921 da Gennaro Chianese e Michela Percacciuolo. La famiglia del piccolo Guglielmo (fu chiamato così per uno zio morto in guerra) viveva in condizioni estreme di povertà e come lui stesso racconta nel libro "Scontri e incontri", è costretto a lasciare la scuola a metà anno scolastico, senza completare la terza elementare perché non aveva la possibilità di comprare i libri e senza una scarpa dell'unico paio che aveva, persa nelle attività quotidiane di bambino in un luogo rupestre e pieno di campagne come l'area di Villaricca in quell'epoca.

Foto: 1 Sergio Bruni a 11 anni con divisa della banda

Bruni nella sua autobiografia scrive:" *a sette anni (1928), infatti, all'età della III elementare non fui più mandato a scuola – la scuola mi piaceva tanto - Ma non avevo i libri e avevo perduto una scarpa. "A scuola non si viene con una sola scarpa" mi disse il professore*".

Guglielmo con la sua famiglia, in quegli anni, cambiò diverse residenze ma sempre ubicate nel centro storico di Villaricca. La società dell'epoca del paese aveva una divisione classista molto evidente: “pezzenti” e “signori”. Molti lineamenti del suo carattere nascono proprio dall’essere stato segnato in questo periodo della sua infanzia, in profondità. E gli fanno intuire di possedere qualcosa di valore: la voce e l’essere artista.

La scuola serale e la banda di Villaricca

In quegli anni vi era una scuola di musica serale, istituita per costituire una banda musicale del piccolo paese un tempo noto come Cuoculum, poi Panicuocolo (Panicocoli) e dal 13 maggio del 1871 per intercessione del senatore Ranieri, Villaricca. Guglielmo vi si iscrisse ed a 11 anni fece la sua prima esperienza di musicista nella banda come clarinettista. Nella stessa scuola studiò anche Giacomo Miluccio, poi a lungo primo clarinetto del Teatro di San Carlo a Napoli.

Antonio Chianese il fascista

Bruni ricorda nella sua autobiografia quel periodo così:” *A dodici anni dovetti rompere anche con il clarinetto che avevo studiato per tre anni, perché la banda di Villaricca, nella quale suonavo, si sfasciò e addio musica che pure amavo tanto. L’organizzatore della banda era stato il comandante dei giovani fascisti di lì, un mio omonimo – si chiamava infatti, Antonio Chianese (Antonio era il secondo nome di Guglielmo*

Chianese), fascista accesissimo e grande fanatico di Mussolini, tanto che, dopo la morte del dittatore, teneva sempre a casa sua una lampada accesa davanti alla sua immagine.

Prima della formazione della banda, allo scopo di tirare fuori elementi per la formazione della medesima, era stata istituita una scuola serale di musica, alla quale potevano iscriversi gratis tutti i ragazzi del paese che avessero voglia di studiare musica. Ricordo che una sera mi presentai dal comandante di mia spontanea volontà – avevo all'incirca nove anni – per essere iscritto alla scuola. Non vi furono ostacoli. Prese le mie generalità e da quella sera stessa cominciai a prendere lezioni di musica.

Dopo un certo periodo di studio di teoria musicale, decisero di farmi suonare il clarinetto in Si bemolle. La scelta dello strumento non fu fatta da me, però mi piacque subito, tanto che, appena mi fu affidato, imparai a suonare in brevissimo tempo Giovinezza. Dopo un po' fu organizzata la prima formazione della banda nella quale, per mia fortuna non fui inserito. I ragazzi infatti, indossarono la divisa fascista. Devo dire, però, che se mi avessero dato quella divisa l'avrei indossata con la stessa disinvoltura con la quale suonavo Giovinezza. Quello che contava per me era l'inserimento nella banda e soprattutto la musica con la quale avevo avuto un impatto felice. Successivamente, quando la banda raggiunse una certa importanza, fu scelta una bella divisa sullo stile "ufficiale di Marina". Quando ebbi quella divisa, mi sembrò di toccare il cielo con un dito. Quando avevo visto i miei compagni vestiti così prima di averla, mi ero incantato a guardarli".

Le quattro giornate di Napoli

Mentre l'Italia fascista tra propaganda e regime approva le vergognose leggi razziali, il giovane Guglielmo si sposta a Chiaiano, a pochi chilometri da Villaricca che raggiungeva anche con la famosa "Alifana". Aveva 17 anni ed era il 1938. Il treno all'epoca da Piedimonte Matese arrivava a Napoli e fermava a Villaricca continuando il suo percorso per Calvizzano -Mugnano, Marano – Bivio di Mugnano – Napoli.

Dal 1938 Guglielmo frequenta un gruppo di studenti che saranno i primi estimatori delle sue capacità canore. Per sostenersi fa l'operaio.

Scoppia la guerra ed a settembre del 1943, mentre era nel 91° reggimento di fanteria di Torino, rientra a casa in licenza per una convalescenza. A Napoli le persone insorgevano contro i tedeschi che attuavano le loro folli rappresaglie contro la popolazione stremata dalle vessazioni nazifasciste e dai bombardamenti. Con circa dieci giovani della sua età ed altri volontari, insieme ad un capitano d'artiglieria sminano il ponte di Chiaiano, minato dai tedeschi per rallentare l'esercito alleato. Ma sulla via del ritorno resta ferito in un violento scontro a fuoco con una pattuglia tedesca. Gli altri giovani lo trasportano in ospedale su una "carrettella" e riescono a salvargli la vita per miracolo.

Le origini

A Torino il giovane Guglielmo cantò per la prima volta davanti ad un pubblico di militari. Dopo le vicende legate alle Quattro giornate di Napoli e la convalescenza in ospedale venne spinto ed aiutato dagli amici a frequentare la scuola di canto del compositore Gaetano Lama (che ricordiamo per la sua proficua collaborazione con La Canzonetta e Libero Bovio creando capolavori come: Canzone 'e surdate, Reginella, 'A serenata, 'O mare canta e Silenzio cantatore) e da Vittorio Parisi, noto cantante dell'epoca. Gaetano Lama frequentava le famose "periodiche", riunioni organizzate dalla borghesia napoletana nelle proprie abitazioni per ascoltare un artista in una dimensione ridotta e più informale.

Ciò fu molto formativo per il giovane Guglielmo come fu formativo il periodo di studi con Vittorio Parisi, anch'egli proveniente da una famiglia di modestissime condizioni economiche, che debuttò nella lirica nel 1919 a Firenze ne Il barbiere di Siviglia e consegnò alla storia con la sua voce Qui fu Napoli (1924), Quanno tramonta 'o sole (1928), Dicitencello vuje (1930), Passione (1934), Na sera 'e maggio (1938). Si esibì con Gilda Mignonette ed incise per la Phonotype e per La voce del Padrone.

Negli anni '40 incise anche per la Fonit dei 78 giri. Nel 1949 ebbe un grave attacco di cuore che lo costrinse a ritirarsi dalle scene nel 1951.

Il giovane Guglielmo era il vanto di Vittorio Parisi ed il 14 maggio 1944 al Teatro Reale di Napoli fu un successo! Ma il giorno dopo l'impresario di rifiutò di farlo cantare per non disturbare gli artisti che aveva scritturato.

Non aveva altri lavori Guglielmo e cercava spesso ingaggi e scritture presso la Galleria (dove fino a pochi anni fa si incontravano artisti ed impresari e dove si diffuse la famosa parlesia). Ma non fu un periodo facile perché le scritture non arrivavano quasi mai.

Non dovette attendere molto Guglielmo per entrare nel mondo della canzone dalla porta principale.

Nel 1945 vinse un concorso per voci nuove bandito dalla RAI. Il 21 ottobre del 1945 fu un trionfo al Teatro delle Palme a Napoli. Si classificò primo con 298 voti contro i 43 voti del secondo classificato. Ebbe 3000 lire e un contratto con Radio Napoli.

Da questo momento le cose cambiarono, cantava infatti in seguitissime trasmissioni radiofoniche. E fu qui che la disciplina e lo studio, che avrebbero sempre accompagnato Sergio Bruni, fecero la differenza.

Le prove duravano ore così come gi esercizi di dizione e sotto la guida del M° Gino Campese, Guglielmo Chianese cambiò anche nome: nacque Sergio Bruni. Il nome fu suggerito direttamente dal M° Campese per non confonderlo con un altro cantante dell'epoca: Vittorio Chianese.

In quel periodo era molto diffusa la figura del cantante radiofonico che nelle trasmissioni in diretta cantavano con l'accompagnamento di un pianista o nei migliori casi di un'orchestra.

La RAI e la famiglia.

Gli studi della RAI di Napoli furono crogiuolo di incontri importanti per Sergio Bruni e la grande professionalità che vi girava era un autentico motore per gli artisti che di fatto vivevano in quel contesto. Sergio Bruni racconta che si mise a studiare prima con l'aiuto di un insegnante e poi continuando da autodidatta come afferma nel suo testo "Scontri e incontri".

Siamo nel 1948 e Sergio Bruni convola a nozze con l'amata Maria Cerulli che sarà la sua compagna per l'intera vita. La coppia avrà quattro figlie. Ed arriva anche il primo disco, inciso per La voce del padrone, che sarà la sua casa discografica per vent'anni.

È del 1949 infatti la canzone "Damme 'sta rosa" scritta da Giuseppe Casillo e musicata da Luigi Vinci. Fu edita a Napoli dalla Gennarelli.

Nel 1949 partecipa alla sua prima Piedigrotta scritturato dalla casa editrice "La Canzonetta". La Piedigrotta era uno straordinario trampolino di lancio per le canzoni nuove e lo sarebbe stato per oltre cinquant'anni.

La canzone che fu subito un successo era Vocca 'e rose scritta da Mallozzi e Rendine.

Fa ci furono anche altre canzoni di successo lanciate da Sergio Bruni:

"Surriento d''e nnammurate" di Bonagura – Benedetto (1950);

" 'A rossa" e " 'O rammariello" di L. Cioffi e G. Cioffi (1952);

“ ‘A luciana” e “Chitarrella chitarrè” di L. Cioffi e G. Cioffi (1953); “Vienetenne a Positano” di Bonagura – De Angelis (1955) e “Piscaturella” di Pisano – Alfieri (1956).

In questo periodo Sergio Bruni definisce il suo stile interpretativo e lo impone al pubblico che lo riconosce subito come da subito arriva il consenso popolare. E lo accompagnerà per sempre.

Impronte, toniche e segnali nell’arte di Bruni

Forgiare uno stile, essere inconfondibili ma apprezzati è cosa difficilissima. Bruni riesce nell’intento non dimenticando mai le sue origini. Parte dalle impronte sonore dei venditori ambulanti della sua terra (Ancora oggi a Villaricca vi sono alcuni ambulanti di qualche decina d’anni più giovani di lui che cantano a squarciagola ma con perizia ed intonazione particolare.
Uno di questi è soprannominato *Ventinove* che vende tra i vicoli del centro storico frutta e verdura), e fa tesoro, si presuppone senza averlo mai conosciuto, di ciò che dall’altro lato del mondo (in Canada a Vancouver) Raymond Murray Schafer aveva definito nel World Soundscape Project negli anni ’60 nella pubblicazione The Tuning of the world (1977) in cui ci parla tra l’altro dell’importanza per l’identità culturale delle impronte sonore, toniche, segnali. Bruni lo applicò perfettamente nel canto creando un luogo sonoro in cui identità e

memoria permettono ancora oggi ai napoletani per il mondo di ritrovarsi.

I Festival

Dal 1952 Sergio Bruni partecipò a ben 12 Festival della canzone napoletana e sempre con un grandissimo successo. Portò al successo brani come:

Sciummo (1952), O ritratto 'e Nanninella (1955), Suonno a Marechiaro (1958) e Vieneme 'nzuonno (1959). Serenata 'e piscatore (Nello Franzese e Rino Solimando) (Anche cantata da Giorgio Consolini).
Serenata 'e piscatore vince il 3° premio alla Piedigrotta-RaiTv del 1958 e vince si classifica primo nel 1962 con "Marechiaro Marechiaro" (Murolo – Forlani) e nel 1966 con "Bella" (Pugliese – Rendine).
Anche nel 1960 sarebbe arrivato primo ma all'ultimo momento si ritirò dalla manifestazione clamorosamente. Rifiutò infatti di partecipare alla serata finale a causa di una diatriba con Claudio Villa e l'organizzazione.

La verità è che Sergio Bruni non amava affatto i Festival e non sempre vi partecipò. Nel 1971 la RAI impedì l'ultima edizione spegnendo le telecamere e si racconta che insieme ai familiari abbia stappato una bottiglia di Champagne con i suoi familiari per brindare all'evento.

Da Napoli a Sanremo

Ma un altro Festival vide Bruni protagonista e fu quello di Sanremo del 1960.
Cantò, entusiasmando una nazione intera, "Il Mare" di Pugliese – Vian ed "È mezzanotte" di Testa - C.A. Rossi. Nello stesso anno incise "Sfaticatella" (R. Vincenti – G. Casillo) edito da Acampora.

Nel mese di giugno del 1961 partecipa al "Giugno della Canzone Napoletana" classificandosi terzo.
Poi decise con un atto di estremo coraggio e prontezza ante litteram, che doveva fermarsi per un periodo, al culmine della carriera iniziò a centellinare partecipazioni a eventi e concerti.

Il repertorio della canzone classica napoletana

Dopo il floridissimo periodo ed al culmine del successo Sergio Bruni decise di fermarsi e di concentrarsi sul repertorio classico della canzone napoletana. Per anni stipendiò il suo fedele pianista Gianni Aterrano e si ritirò nella sua villa di Napoli.
Riduce di molto anche i concerti ed abbandona molti brani che solitamente cantava sostituendo ad essi i brani della tradizione classica napoletana. Poi adatterà il repertorio ai brani che più a suo avviso, si adattavano meglio alla sua vocalità e da allora canterà capolavori indimenticabili quali: "Fenesta vascia" (Genoino – Cottrau su impianto

di un brano del 1500), "'A serenata 'e Pulecenèlla" (Cimarosa), e "'A rumba d''e scugnizzi" (Raffaele Viviani).
Negli anni '60 Bruni canta in tutto il mondo. America, Russia, ma è solo una piccola parte delle proposte che accetta. Rigore e dettaglio passano spesso per pignoleria e spesso sono poco sopportati da un ambiente in continua e rapida evoluzione e soprattutto con la memoria corta troppo spesso.
Bruni rinuncia letteralmente a fiumi di denaro perché spesso non ritiene ci siano le giuste condizioni artistiche ed organizzative.
C'è un lato di Bruni che non è stato ancora trattato: Il Bruni compositore.
Bruni non è solo un interprete ma anche un brillante compositore. Sua è la musica di Palcoscenico su testo di Enzo Bonagura (1956) e "'Na bruna" con Langella e Visco (1971) ad esempio.

Bruni si pose il problema, quasi come se fosse un presagio, di come tramandare la canzone napoletana e come continuarne la scrittura e divulgazione.

Napoli e l'invasione del Rock estero

Gli anni successivi vedono l'invasione del rock estero e lo scenario artistico cambia notevolmente.

Anche la canzone napoletana cambia e non tocca certo le vette artistiche raggiunte nei decenni precedenti. Personaggi vicini agli ambienti della criminalità ed all'uso e traffico di droghe di ogni tipo, sventrano la cultura musicale napoletana e creano per il cosiddetto "popolino", brani di una barbarie e con contenuti spesso intrisi di luoghi comuni, retorica criminale e vittimismo della peggiore specie, inondando i quartieri napoletani e della periferia con le nascenti radio libere.
Spesso Bruni viene invogliato dagli amici al partecipare pubblicamente e sui giornali al dibattito sui nuovi generi ma lui risponde sempre che lascerà parlare la musica.

L'incontro con Salvatore Palomba

Salvatore Palomba, poeta che ha scritto capolavori intramontabili e transgenerazionali, incontra Sergio Bruni nel 1975. Salvatore Palomba, comincia a musicarne alcune poesie dal libro "Parole overe", fra cui "Carmela" che diventerà un classico della canzone napoletana. Un anno dopo viene pubblicato l'album "Levate 'a maschera Pulicenella" con otto canzoni su versi di Palomba e musiche sue, ispirato alla Napoli attuale.
Contemporaneamente al disco viene realizzato, nell'ottobre del '76, uno spettacolo televisivo dallo stesso titolo e poi uno spettacolo teatrale.

Il sindaco di Napoli invia all'artista questo telegramma: "*Permettetemi di felicitarmi con Voi e con il poeta Salvatore Palomba per la trasmissione televisiva "Levate 'a maschera Pulicenella". Particolarmente interessante è il tentativo di liberare la canzone napoletana da folklore deteriore e da sentimentalismo attingendo alla cruda realtà di Napoli e alle drammatiche condizioni di vita del suo popolo costretto ad inventare mille mestieri per non morire.*
I nuovi contenuti possono dare vitalità e freschezza poetica a un genere d'arte che le convenzioni accademiche hanno reso sterili e impopolari": Maurizio Valenzi Sindaco.

Foto: 2 Il Maestro Salvatore Palomba

Levate ‘a Maschera Pulicenella

“Levate 'a Maschera Pulicenella” rappresenta uno spartiacque importante tra la musica extracolta di Bruni e quanto circondava e assediava in quel periodo ogni napoletano. Bruni era ed è un’altra cosa! Le parole di Francesco Varriale di Altrisuoni sintetizzano la cifra stilistica*:” È il 1976 e Napoli è nel pieno di uno dei periodi più bui della sua storia, flagellata da mali eterni come malapolitica, camorra, criminalità, disoccupazione e ancora sconvolta per le conseguenze del colera scoppiato tre anni prima.*

Ma c’è un sussulto, un fremito potente volto a perseguire un riscatto fondato su qualcosa che, per buona parte dei suoi abitanti, si sta ancora oggi definendo per forma e sostanza. Dignità e consapevolezza di sé cozzano, infatti, contro un immaginario collettivo legato a luoghi comuni, oleografismi e belcanto che, da potenziale risorsa culturale che era (e doveva essere), si è trasformato nei secoli in una gabbia dalla quale Napoli e i Napoletani sono riusciti raramente a liberarsi.

Nel 1976 la spinta c’è, e viene dall’ambito musicale: Pino Daniele concepisce “Napule è” e l’anno successivo uscirà l’album che la contiene, “Terra mia”; Roberto De Simone porta in scena la prima versione della sua “Gatta Cenerentola”; Napoli Centrale, il gruppo guidato dal cantante/sassofonista James Senese, pubblica il secondo disco intitolato “Mattanza”. Tutti lavori che pescano a piene mani nella cultura popolare e che descrivono Napoli dal basso come forse solo Viviani, Marotta e Eduardo erano riusciti a fare.

Ma c'è dell'altro. C'è un cantante, Sergio Bruni, che per decenni era stato riconosciuto come 'a voce 'e Napule per come aveva a lungo interpretato il repertorio classico napoletano portandolo, con convinzione e dignità, al di là dei confini regionali e partecipando anche al Festival di Sanremo nel 1960. E c'è un poeta, Salvatore Palomba, che trova in Bruni l'interprete ideale dei suoi versi.

Da questo connubio viene fuori un disco bellissimo che suona, oggi come allora, rivoluzionario per quanto si ascolta: una nitida e decisa esortazione alla rivolta ancor più che al riscatto. Bruni e Palomba denunciano i disastri procurati dai vari franceschielli che si sono succeduti al governo della città, descrivono con (attualissima) lucidità i problemi occupazionali da sempre presenti a Napoli ("'O guardamachine", "Chiappariello" e "Notte napulitana"), auspicano il ritorno di "Masaniello" e "Belzebbù", narrano "'A Libbertà" e rispolverano quattro pagine di storia che hanno visto l'intera popolazione unita e compatta (forse come mai prima) nel combattere l'occupante nazista e scacciarlo fuori le mura cittadine. Proprio "Napule nun t' 'o scurdà" – la canzone conclusiva del disco che parla appunto delle Quattro Giornate di Napoli del settembre 1943 – acquisisce un significato ancor maggiore se si pensa che a quei moti rivoluzionari Sergio Bruni prese parte attiva, restando menomato per

la vita a causa di una ferita alla gamba procurata durante i combattimenti.
E c'è l'amore, non più quello dalle atmosfere romantiche e oleografiche del classicismo napoletano. Nella sua prima registrazione assoluta c'è l'amore per "Carmela", ...rosa preta e stella... in un ...vico friddo... dove ...pure 'o sole passa e se ne fuje.... Un amore viscerale come la voce di un interprete straordinario che andrebbe riscoperto e riproposto per la sua autenticità. Per provare a ripartire, ancora una volta, dal basso".

Sergio Bruni e Pino Daniele

"Sergio Bruni e Pino Daniele. Un binomio apparentemente imperfetto: l'uno formidabile testimone e prosecutore della Canzone Napoletana d'arte, dalle villanelle al Novecento; l'altro straordinario musicista, vero e proprio rinnovatore" così scrivono i giornali nel 1975.

"*Entrambi però sono accomunati da un'autorialità che, a metà degli anni Settanta, è possibile accomunare: nel '76 il duo Palomba – Bruni dà vita all'album "Levate 'a maschera Pulicenella" che segnerà la storia della canzone napoletana, che assumerà veri e propri connotati di canzone sociale e di protesta.*
Proprio l'anno successivo esce il primo lavoro discografico di Pino Daniele, Terra mia con brani come Napul'è, 'O padrone, Ce sta chi

ce penza, incentrati anch'essi su tematiche di forte denuncia sociale" come riporta Ferdinando Guarino il 20/11/2015 su https://vantanapoli.wordpress.com "*Durante un'intervista, fu proprio Pino ad esprimere il desiderio di poter cantare con Bruni:*

«*Vorrei scrivere e cantare una canzone con Sergio Bruni, qualcosa di privato e di personale, da scrivere e interpretare tra di noi senza per forza mandarla in televisione o registrarla su un disco: secondo me lui è un artista che nessuno ha compreso fino in fondo, è uno che Napoli la ama veramente alla follia*».

Nonostante l'assenso del Maestro, quel duetto non si realizzò, purtroppo".

Gli anni 80

Bruni centellina gli eventi a cui partecipa ma nell'articolo di Gino Castaldo per Repubblica del 19 novembre 1986 mostra quanto sia amato il Maestro.

Ecco la versione integrale pubblicata dal titolo: Napoli è grande e Sergio Bruni è la sua voce: " *"Si' megl' e Maradona!"; "Devi campare cent' anni!", "Napoli si' ttu!". Le urla si sono sprecate. Napoli è accorsa in festa ad osannare questo felice ritorno sulla scena di Sergio Bruni, principe della canzone napoletana, nell' elegante gioiello che oggi è diventato il teatro Sannazaro, a suo tempo frequentato dalla Duse e da Scarpetta, fino naturalmente ai De Filippo. Ed è proprio con una breve poesia di Eduardo che inizia la serata, dopo che gli altoparlanti hanno diffuso nel teatro le struggenti note di "Serenata napulitana". È una poesia che Eduardo dedicò a Bruni: "Dicono che tu sei la voce di Napoli, ma dicono pure che Napoli sono io. Allora tu sei la voce mia". Poi arrivata sul palco il Maestro, altero, concentrato, con dignità quasi regale. Imbraccia la chitarra, e attacca una villanella del Cinquecento, mentre in platea scoppia quasi una rissa tra quelli che vogliono ascoltare e quelli che vogliono gridare a Bruni il loro amore incondizionato. Bruni si limita a sorridere, non dice una parola e continua a sfogliare grandi pagine della canzone napoletana: La serenata di Pulcinella, la celebre Tarantella, Tammurriata palazzola, Mare chiare, ma anche alcune sue recenti composizioni come Scerocco o Da chillu iuorno. Sì, perchè come annota De Simone nell' introduzione al programma (di cui ha curato gli arrangiamenti) Bruni è anche un bravo compositore, e la sua Carmela è diventata un pezzo obbligato per tutti i posteggiatori napoletani. Ma, naturalmente, è l'interprete che tutti cercano e pretendono, l'erede di una tradizione sentimentale e drammatica, dove la melodia diventa nostalgia, malinconia struggente, pathos, sussurro delicato. Certo, la sua voce non è più quella di vent' anni fa, e del resto Bruni non può contare come Sinatra su un opportuno distacco "cool" dall' espressione. Il suo canto è faticoso, difficile, e mette a dura prova i suoi 64 anni. Ma lo stile è magicamente intatto: i vibrati, le fioriture, quel modo inconfondibile di prendere le note prima a bocca chiusa e poi di aprirle delicatamente e prolungarle sul vibrato. Niente microfoni, naturalmente. Tutto acustico, al punto che quando per un black out che ha coinvolto tutta la città per una decina di minuti, le luci del palco si sono spente, Bruni ha continuato imperterrito. E anche qui il napoletano sagace non ha perso il colpo e quando la luce è tornata ha gridato: "Non abbiamo bisogno di luce. La nostra luce siete voi". E i napoletani fanno bene ad essere così tenacemente orgogliosi di questo loro cantore popolare che, a differenza di Maradona, è napoletano, perché la sua vita e tutto il suo lavoro sono un atto d' amore verso la canzone napoletana. Ma bisognerà prima o poi scoprire che Bruni è ben altri: è un ricercatore, un interprete raffinato e attento, un preservatore dello stile classico, quasi un accademico della canzone, soprattutto da quando ha cominciato a collaborare con Roberto De Simone, e oggi anche un maestro, con tanto di allievi che ha presentato nella seconda parte del concerto: i Nuovi Cantori Napoletani, cinque ragazzi che da tre anni studiano al suo fianco e sembrano in grado di continuare quello stile con grande applicazione. Sempre nella seconda parte, Bruni ha poi dato ampio spazio alla canzone moderna: due sue nuove composizioni, e poi Suonno a Marechiaro (del 1968), la celeberrima Il mare, Lusingame (versi di Nino Taranto), Vieneme ' nzuonno, ricordandoci che per trovare capolavori non occorre andare necessariamente indietro nel tempo. Questo recital, Sergio Bruni ha deciso di replicarlo a Napoli (ogni quindici giorni fino ad aprile, sempre al Sannazaro) sdegnando la possibilità di portarlo in tournée. "Così se qualcuno vorrà vedermi" ha detto lui stesso salutando il pubblico alla fine del concerto "dovrà venire a Napoli, in questo meraviglioso teatro". Per il bis non c' è stata tregua. Bruni ha cantato quella divertentissima Rumba degli scugnizzi scritta da Raffaele Viviani, con tutti i tipici richiami dei venditori napoletani, e ad ogni frase erano applausi a scena aperta. Noi abbiamo imparato che la canzone napoletana ha ancora tanto da offrire, che va riscoperta e soprattutto rispettata. E anche qui dobbiamo citare una frase di commiato di Bruni: "Dicono che la canzone napoletana sia morta. Ma io dico sempre che finché ci sarà al mondo un napoletano, ci sarà anche la canzone napoletana" ".*

Tra il 1980 e il 1990 Sergio Bruni realizza con Roberto De Simone, dei cofanetti contenenti i classici della canzone napoletana dal 1500 in poi: 'E d'amore, Na fortunato, 'Na bruna, Core 'ngrato, Torna a maggio, Vieneme nzuonno sono alcune delle hit reinterpretate da Sergio Bruni. Artista e ricercatore inquieto che si considera "in divenire", realizza raffinate antologie della canzone napoletana. Mirabili per qualità interpretativa e per rigore filologico le sue interpretazioni del migliore repertorio musicale napoletano. Sergio Bruni condivide con Roberto Murolo il merito di aver riportato in vita l'anima più genuina della canzone napoletana.

Sergio Bruni è stato un mito per i napoletani, Eduardo De Filippo consacrò la napoletanità di Sergio Bruni dedicandogli queste parole:

'A voce 'e Napule.

Eduardo De Filippo

'A ggente sà che dice?
Ca tu sì 'a Voce 'e Napule
e sà che dice pure?
Ca Napule songh'io!
E si tu si 'a voce 'e Napule
e Napule songh'io,
chesta che vene a dicere?
Ca tu si 'a vocia mia...

Bruni come Oum Kalsoum degli egiziani, Amalia Rodrigues dei portoghesi, Edith Piaft dei francesi. Nel film Operazione San Gennaro di Dino Risi (1966) Sergio Bruni sale sul palco del Festival di Napoli e la città si blocca per vederlo, un ladro interrompe la rapina che sta effettuando per gridare: "ha vinto Sergio Bruni", tale immagine da l'idea della popolarità di Sergio Bruni a Napoli. Ritiratosi negli anni '80 nella sua villa di Corso Vittorio Emanuele a Napoli dove aveva installato un teatrino per i locali e per i turisti, dove ancora si esibiva prima di trasferirsi a Roma per motivi di salute.

L'antologia della canzone napoletana

Nell'antologia della canzone napoletana le orchestrazioni sono curate dal M° Roberto De Simone e dallo stesso Bruni.

La prima parte dell'opera (40 brani) viene pubblicata nel 1984 in una edizione in cofanetto con 4 dischi a 33 giri e un libro curato da Roberto De Simone ed è autoprodotta dall'artista.

Sette anni dopo, nel 1991, la editrice musicale Bideri ripubblica in formato CD e MC il primo cofanetto e vi aggiunge un secondo cofanetto con oltre 40 canzoni, affidando la distribuzione dell'opera su tutto il territorio nazionale alla CGD – Warner.

L'antologia "Sergio Bruni Napoli la sua canzone" è così finalmente completata. Nello stesso anno Sergio realizza in collaborazione con

Palomba un memorabile spettacolo televisivo con lo stesso titolo dell'opera.

Gli anni 90

Nel 1980 nacque Amaro è 'o bene, altro grande successo del duo Palomba - Bruni, incluso nel disco Una voce una città. Tra il 1980 ed il 1990, Bruni realizzò un'antologia della canzone napoletana contenente le canzoni, da lui più amate, nate dal 1500 in poi, ed alcune di sua composizione. Nel disco vi era, tra l'altro, il testo di Eduardo De Filippo "*È asciuto pazzo 'o patrone*", musicato da Bruni.

Nel 1994 Bruni tiene per i suoi cinquant'anni di carriera, un concerto al Teatro Augusteo di Napoli, a celebrarlo c'è anche Roberto Murolo, e propone il cofanetto La voce di Napoli. Negli ultimi anni le sue apparizioni pubbliche sono sempre più rare: Bruni si esibiva per la famiglia, pur mantenendo un rapporto strettissimo con la gente di Napoli.

Torna il Festival di Napoli

Nel 1998 in un articolo di Antonio Tricomi per Repubblica dell'1° agosto 1998 titola: "Sergio Bruni inaugura il Festival di Napoli" e scrive:" *Torna dopo 27 anni il Festival di Napoli: con tanto di diretta televisiva, come ai bei tempi. Anche se questa volta le telecamere sono quelle di Retequattro, che trasmetteranno l'evento domani alle 17.50 (gara) e il 5 agosto alle 20.30 (ospiti e finalisti). E la location non sarà esattamente Napoli, ma Pinetamare, un villaggio turistico in provincia di Caserta. "Perché alla Mediaset serviva avere il mare come sfondo" spiegano gli organizzatori "e a Napoli città non c' è un luogo adatto". Torna il festival, ma senza la Rai né il patrocinio del Comune di Napoli. Gli ospiti però sono di prestigio. Ad aprire il gala del 5 agosto sarà Sergio Bruni, in veste di nume tutelare, con la sua storica Carmela (tra i partecipanti al festival, anche sua figlia Adriana). Ospite d' onore la star israeliana Noa, che canterà Torna a Surriento: l'artista non parteciperà di persona alla manifestazione, ma con un suo "contributo" registrato proprio a Sorrento, dove stasera terrà un concerto. Altro collegamento con l'aula del Parlamento di Strasburgo, dove Eugenio Bennato eseguirà un brano di musica popolare tratto dal suo nuovo spettacolo Tarantella Power.*

Nell' elenco degli ospiti, star della canzone italiana e altre più legate alla tradizione partenopea: Rita Pavone e Teddy Reno, Manuela Villa, il "principe dei neomelodici" Gigi D' Alessio, il "dicitore" Mario

Maglione (da molti considerato l'erede di Murolo), il "cabarettista" Federico Salvatore, il "tradizionalista" Carmelo Zappulla. Ma ci sarà spazio anche per emergenti come il chitarrista Antonio Onorato, già compagno di Pino Daniele nella tournée dell'anno scorso, e il sassofonista Marco Zurzolo, autore della colonna sonora del film Polvere di Napoli. Poi c' è la gara vera e propria. Sedici giovani artisti - la più piccola si chiama Ylenia ed ha 14 anni - saranno premiati da una giuria di addetti ai lavori. I cinque finalisti verranno poi selezionati attraverso il "televoto": lo stesso sistema di Viva Napoli di Mike Bongiorno, altra kermesse Mediaset dedicata alla canzone napoletana. Si ascolteranno canzoni dai titoli suggestivi, come Guè Pascà ("Hey Pasquale", L' essenza d' ' o campà ("Il senso della vita"), Ischia balcone ' e Napule, ' A rattatella ("La grattatina"), La samba dei Quartieri, ' E figlie ' e Masaniello. L' ultimo Festival della Canzone Napoletana si svolse nel 1971. Non ci furono altre edizioni, perché venne a mancare la diretta Rai. Questo Festival di Napoli, organizzato dall' imprenditore siciliano Giuseppe Angelica, nasce dopo una polemica durata oltre un anno sul marchio doc del festival e sulla sua gestione.

Il festival sarà vinto da Ylenia con il brano *uè Pascà* scritto da Giuseppe Palumbo, poeta e presidente dell'Associazione New Umor Sound, un tempo a Marano di Napoli ed ora residente a Durazzo (Albania) dove organizza eventi di valorizzazione e ricerca della musica e lingua napoletana, in collaborazione con le più alte cariche del paese e con artisti internazionali.

Il legame con Villaricca

Sergio Bruni è stato molto legato alle sue origini. Villaricca, comune a Nord di Napoli, ha subito alterne vicende storiche che lo hanno portato anche a resistere ad un assedio di Ruggero il Normanno per sette anni. Sotto la reggenza di Gioacchino Murat il vecchio nome di Panicuocolo (Panicocoli, Panicocolo), fu cambiato in Gioacchinopoli, per poi tornare al nome originale dopo il ritorno dei Borbone. Per intercessione del Senatore Ranieri cambiò nome in Villaricca. Poche anime e molta campagna descrivono un ambiente rurale tipico della provincia di Napoli al confine con Terra di lavoro. È in questo contesto che vive l'infanzia Sergio Bruni e nonostante la sua condizione di estrema povertà porterà sempre con sé un legame forte. Molto legato ai parenti con il suo stesso cognome (Chianese) era solito venire in visita ogni anno in occasione della messa solenne per la venerabile Matilde Chianese, sua cugina paterna. Anche il suo accompagnatore ufficiale (Ferdinando De Rosa) è di Villaricca.

In occasione del matrimonio della figlia del suo accompagnatore volle cantare in chiesa l'Ave Maria di Schubert e poi al Ristorante La Lanterna (Villaricca) tenne un concerto.

Foto: 3: Sergio Bruni con Massimo Capocotta

Correva l'anno 1996 il pianista che accompagnò Sergio Bruni in chiesa nella storica esecuzione dell'Ave Maria è il M° Massimo Capocotta, oggi docente della scuola pubblica e di Pianoforte dell'Associazione illimitarte (Associazione che si occupa di formazione musicale, produzione e distribuzione artistica di Villaricca).

Dalla testimonianza diretta rilasciata al sottoscritto in data 4 aprile 2019:" Sergio Bruni raccontava diversi aneddoti tra cui quello che per lui Villaricca rappresentava il coraggio. Da piccolo quando tornava a casa spesso gli capitava di imbattersi in un'orda di cani randagi e si trovava ad affrontare questo momento di tensione. In quei momenti ha dovuto avere coraggio per proseguire la strada che lo portava a casa. Portava l'episodio ad esempio come scelta di coraggio da effettuare. Per la performance in chiesa ricordo che la Tonalità del brano fu trasposta in La Maggiore, aggiungendo una manipolazione stilistica dell'introduzione, in quanto il Maestro non gradiva l'arpeggio scritto da Schubert ed esclamò:" D'altronde Schubert la compose, mica la cantava!".

Il Giglio

Una delle ultime apparizioni a Villaricca di Sergio Bruni la racconta Armando De Rosa, Presidente della Proloco di Villaricca e da anni impegnato nella valorizzazione della canzone napoletana e della memoria di Sergio Bruni mediante il premio Sergio Bruni:" *L'ultima volta fu nel 1997, in occasione dei festeggiamenti di San Rocco, dal balcone del Comune di Villaricca Sergio Bruni incominciò a cantare*

Carmela e tutta la marea di folla e la paranza, che faceva ballare il giglio giù nella strada e in Piazza Maione, andò in visibilio. Il mese successivo a Villaricca si parlava ancora dell'episodio. Villaricca era sempre nel suo cuore, lì aveva fatto il suo primo vagito, lì aveva appreso le prime note, lì aveva incominciato le sue prime esibizioni musicali a 9 anni, nella banda del Comune, lì si esibiva le prime volte, lo ricordo bene perché entrambi abbiamo lavorato dal falegname Peppeniello 'o Vazzano e spesso, quando invitato dai compagni di lavoro, da un palco improvvisato, fatto con le casse delle noci si esibiva e chiedeva ai compagni: "Come vado, vado bene? Aveva 14, 15 anni; Faceva il falegname, dava anche la pulitina ai mobili appena finiti di costruire, era vicecapo mastro. Era bravo".

L'autore era presente durante questo evento "Lo ricorderò per sempre. La mia generazione prona all'esterofilia dilagante era lontanissima dalle canzoni napoletane e ancora di più dal mondo musicale napoletano per nulla valorizzato da cantanti improvvisati nelle feste di piazza. In una sera di settembre in quel 1997 decisi di andare in piazza perché si parlava che sarebbe arrivato Sergio Bruni. Vedevo il Giglio e sentivo quel Meltin Pot di musica a tratti trash ed a tratti folk eseguita dal vivo con una combo brass band elettrificata con tanto di chitarra elettrica Fender Stratocaster, basso elettrico, tastiere elettroniche, sax vari, trombe e grancassa da banda con due rullanti laterali.

Uno o più cantanti animavano alternandosi in modo abbastanza ruspante la danza di questo monolite gigante di legno e cartapesta. Il Giglio viene fatto danzare con lunghi pali che sono poggiati sulle spalle di uomini (i pali di legno vengono chiamati varretielli) spesso con grandi protuberanze sulle stesse dovute ad anni di pratica, per voto e devozione.
Bruni si affacciò alla finestra del Comune e si intravvedevano accanto i politici ed i volti di Villaricca dell'epoca. Gli passarono da sotto e scalando lungo il giglio un microfono argentato con un lungo cavo che portava al P.A. (Pubblic Address, l'impianto audio che permette la diffusione sonora) presente con una batteria ed un inverter sopra il Giglio.
Ricordo che iniziarono a suonare Carmela ma il Maestro li fermò subito. Decisi in quel momento che era tempo di archiviare la mia esterofilia perché l'andamento che diede ai musicisti era completamente diverso da tutto quello che avevo ascoltato prima. Quel momento Villaricca si trasformò ora in una landa della Meseta spagnola, ora in Granada, ora in antichi suoni provenienti da millenni di storia greca. Fu un'esperienza indimenticabile ed una grande lezione di stile".

L'ultimo brano

Lino Blandizzi, cantautore napoletano tra il 1996 e il 1998, collabora con il Maestro Sergio Bruni che lo vuole al suo fianco a Roxy Bar, programma televisivo di Red Ronnie e in molti suoi concerti. In seguito Bruni entra nella canzone d'autore di Blandizzi, proponendogli di incidere e cantare insieme un suo brano dal titolo "Ma dov'è". Il duetto è l'ultimo lavoro discografico che il Maestro ha lasciato con un emozionante documento video.

Le altre passioni e curiosità

Nel 1957 Sergio Bruni è protagonista del film "Serenata a Maria" per la regia di Lugi Capuano.

Si tratta di un film popolare e di scarso contenuto artistico.

Da allora riceverà molte proposte per film analoghi ma le rifiuterà puntualmente.

Accetterà invece di partecipare come cantante ai film di due grandi registi Billy Wilder (Che cosa è successo fra mio padre e tua madre) del 1972 e Vittorio De Sica (Il viaggio) 1974.

Dal 1960 al 1970 viene preso da una improvvisa passione per la pittura e, come quasi sempre ha fatto, senza maestri e senza scuola alcuna prende i pennelli e fa.

Sergio dipinge per sé stesso ma trova anche l'approvazione di alcuni critici, fra cui Paolo Ricci e Gino Grassi, che trovano le sue immagini assai suggestive.

Tiene anche alcune mostre a Napoli e a Roma.

Il comune di Napoli organizza nel 1996 una sua mostra antologica nelle sale del Maschio Angioino.

Nel 1987, edito da Tommaso Marotta editore, esce "Scontri e incontri", un libro di ricordi autobiografici arricchito dalle sue poesie in dialetto napoletano.

È del 1997 la piccola raccolta di pensieri “Un pensiero al giorno” – Blado editore – che testimoniano eloquentemente quanto cammino ha percorso l’ex ragazzino semianalfabeta di Villaricca.

Nel 1990, il “maestro”, come lo chiamano ormai tutti i napoletani crea, all’interno della sua villa, un’associazione culturale in collaborazione con un gruppo di amici e la denomina “Centro di cultura per la canzone napoletana”.

Qui svolge gratuitamente attività didattiche, insegnando ai giovani canto, chitarra e storia della canzone napoletana.

Fonda, inoltre, sempre sotto le insegne del “Centro” un teatro della canzone in miniatura (25 posti) dove si esibisce insieme ai suoi allievi. Ai concerti sono invitati ad assistere – sempre gratuitamente – tutti quelli che ne fanno richiesta prenotandosi per tempo.

Voluto dalla sua prima e per lui più importante casa discografica, la Emi (ex La Voce del Padrone), viene pubblicato nel 1994 l’album “Sergio Bruni – La voce di Napoli”.

La raccolta contiene la riedizione di alcune delle sue interpretazioni più significative, fra cui “Il mare”, riarrangiata dal M° Vince Tempera e ricantata per l’occasione e due nuove canzoni con Palomba “Che miracolo Stammatina” e “Napule doceamara”, eseguita insieme alla Nuova Compagnia di Canto popolare.

Il CD è corredato da un libretto che illustra, anche con l’ausilio di alcune foto significative, la vita e la carriera dell’artista.

Nel 1995 “La voce di Napoli” saluta, di fatto il suo pubblico con due memorabili concerti.
Il primo si svolge il 15 agosto nella storica piazza San Domenico Maggiore, alla presenza del sindaco Antonio Bassolino e di diecimila napoletani in delirio.
Il secondo, voluto dal comune di Roma, si tiene il 7 dicembre al Teatro dell’Opera della Capitale.

Nel marzo del 2000 Sergio Bruni lascia Napoli e la sua bella villa al corso Vittorio Emanuele, che era stata frequentata per tanti anni da artisti e personaggi di ogni genere, oltre che da comuni ammiratori provenienti da tutto il mondo.
Per motivi di salute e di opportunità si trasferisce a Roma, dove vivono due delle sue figlie.

Bruni Day

Il 15 settembre del 2001, in onore del suo ottantesimo compleanno, Villaricca organizzò un Bruni Day dedicato al suo cittadino, al quale partecipò anche Nino D'Angelo, il quale nel dicembre 2008 pubblicherà un CD in suo onore intitolato D'Angelo canta Bruni. Nello stesso anno Bruni, in coppia con il cantautore Lino Blandizzi, incide il suo ultimo brano intitolato Ma dov'è, pubblicato nell'album Blandizzi incontra

Sergio Bruni. Sergio Bruni si spense per una crisi respiratoria all'ospedale Santo Spirito di Roma il 22 giugno 2003.

La memoria

Dopo la scomparsa di Sergio Bruni, nel 2003, per mantenerne intatta la memoria, il Comune e la Pro Loco di Villaricca istituiscono il Premio Villaricca-Sergio Bruni, rivolto ai ragazzi delle scuole medie di Napoli e Provincia, con l'obbiettivo di stimolare l'interesse per la lingua, la poesia e la Canzone napoletana. il 4 novembre 2009 viene presentato lo spettacolo Omaggio a Sergio Bruni, manifestazione legata al Premio, ove partecipano vari artisti per commemorare la figura di Bruni. Tra gli artisti che partecipano alla manifestazione vi sono Mario Trevi, Mirna Doris, Raiz, Mimmo Angrisano ed Adriana Bruni.

Il 15 settembre 2011, in occasione del 90° anniversario della nascita dell'artista, è stata presentata, nel foyer del Teatro San Carlo, la manifestazione Sergio Bruni a 90 anni dalla nascita, dove è stato presentato il libro Mio padre Sergio Bruni, la voce di Napoli, scritto dalla figlia Bruna Chianese. Il 21 ottobre 2013, a dieci anni dalla sua morte, Nino D'Angelo dedica a Bruni lo spettacolo Memento / Momento al Teatro di San Carlo di Napoli.

«Muore con Sergio Bruni un simbolo del Novecento napoletano. La sua voce, scolpita come un'icona, era un monumento, venerato dai suoi concittadini»
(La Repubblica)

Il Premio Villaricca Sergio Bruni. La canzone napoletana nelle scuole

Il premio si rivolge ai ragazzi delle scuole medie di Napoli e provincia e si avvale della direzione generale dell'ufficio scolastico regionale per la Campania.
Villaricca ha voluto intitolare l'iniziativa al suo grande concittadino Sergio Bruni, riconosciuto depositario della tradizione artistica e culturale della canzone napoletana. Il premio si pone come obiettivo lo stimolare l'interesse per la lingua, la poesia e la canzone napoletana, affinché i giovani riscoprano radici e valori fondamentali della loro cultura.
Il premio permette anche ai ragazzi partecipanti di avvalersi di diverso materiale tra cui il volume Cominciare da Di Giacomo, realizzato quale supporto didattico per agevolare la scrittura del dialetto napoletano. Giunto all'ottava edizione da qualche anno è rivolto anche a tutte le scuole primarie della Campania. Il Comune e la Pro Loco di Villaricca hanno inteso rilanciare su un piano regionale un'iniziativa che intende trasmettere alle nuove generazioni l'arte e la cultura della grande tradizione canora napoletana. L'iniziativa è stata valorizzata e diffusa

anche dal Direttore Generale dell'USR-Campania Diego Bouché con la circolare n. 885/U del 31 gennaio 2012 indirizzata alle scuole della regione Campania.

Il sud on line dedica queste parole all'ultimo incontro del 2018 dove anche l'autore di questo lavoro di tesi era presente come performer (polistrumentista nei Guarracini)

"*Il 2 gennaio 2018 presso le sale del ristorante "La Lanterna" (C.so Europa, 528 – Villaricca), dalle ore 20:00 si leverà il sipario del secondo appuntamento di "Napoli è Poesia", la rassegna culturale promossa ed organizzata dalla Pro Loco di Villaricca con il patrocinio della Città Metropolitana di Napoli.*
Dopo l'entusiasmo raccolto da Mimmo Angrisano in concerto accompagnato dal maestro Antonio Saturno e dal Classic Quintet lo scorso 27 dicembre alla parrocchia Maria Ss. dell'Arco, il nuovo anno sarà celebrato all'insegna di musiche, canti e colori delle performance de "I Guarracini", la compagnia folck che dal 1985 ha portato i suoni e le danze della tradizione popolare campana sui palcoscenici di tutta l'Europa (Parigi, Monaco di Baviera, Göteborg, Copenaghen, Landshut, Berlino).

L'evento realizzato nel solco del "Premio Sergio Bruni" vedrà un parterre di ospiti d'eccezione come il poeta Salvatore Palomba,

Mimmo Falco, Tommaso Di Nardo. Madrina della serata, Adriana Bruni.

"Un evento di grande caratura artistica per salutare con armonia il 2018 e per evidenziare l'impegno e la dedizione della Pro Loco nella valorizzazione dello sconfinato patrimonio culturale della "napoletanità" con le sue radici ben salde proprio nei nostri territori" le parole del presidente della Pro Loco di Villaricca, Armando De Rosa."

Conclusioni

Armando De Rosa porta avanti una missione importantissima: la valorizzazione della canzone napoletana e della memoria storica, un imprinting identitario della nostra terra e lo fa con dedizione ed amore per il dettaglio che possiamo ritrovare sempre in ogni aspetto della musica e della persona del grande Sergio Bruni. Andrebbe portato avanti il progetto della fondazione Bruni, e fatto rivivere il Premio Sergio Bruni con uno spirito di lotta e di contrasto alle brutture ed alla greve cancellazione della cultura e della lingua napoletana a cui si assiste troppo spesso e che ha per complice il dissesto economico e la costrizione all'emigrazione dei nostri giovani. Sergio Bruni non emigrò, fu Artista e la sua musica e la sua arte viaggiarono con lui e attraverso lui. Il miglior risultato possibile per il giovane falegname di Panicocoli diventato Re della canzone e della tradizione, quella vera. È emozionante concludere questo lavoro con le sue parole rilasciate nel corso di un incontro con dei giovani di Villaricca e con il sindaco di allora Nicola Campanile e con Armando De Rosa:" Dare una spiegazione per far capire cos'è l'arte non è una cosa facile, perché l'arte è nell'aria e quando viene respirata nel modo giusto, quando comincia a penetrare nell'animo di un uomo, di un ragazzo, si fa strada e ti fa conoscere Dio. La cosa più bella che mi da l'arte è l'amore [...] Il ruolo che ha l'arte è questo, la capacità di trasmettere amore.

Discografia

1948

Etichetta: La voce del Padrone
Orchestra Guarino

Titoli delle Canzoni:

Calamita d'oro
Ammore 'nzuonno
Serenata a fantasia
Canzone triestina
Pusillico Addiruso
Te si scurdato 'e Napule
Nun a penzo proprio chiù
Che suonno
St'ammore è na buscia
Stu core mio tevò
L'amore sotto la luna
Fiore Scarlatto
Non conosci Napoli
Signora nostalgia

1949

Etichetta: La voce del Padrone
Orchestra F. Rendine

Titoli delle Canzoni:

Tre fontane
Il mio male
Via Caracciolo
Acquerello napoletano
A casciaforte 'e napule
Buscie
Borgo antico
Tarantella dell'ammore
Sospiratella
Triste pensiero
Comme facette mammeta
Nuttata 'e sentimento

Orchestra Olivieri

Titoli delle Canzoni:

Nun ce 'o dicite
A luna e 'o sole
Pusilleco 'nsentimento
Cu tte Marì
Malombra mia
Vocca 'e rose
Magia
Damme sta rosa

1950

Etichetta: La voce del Padrone
Orchestra Guarino

Titoli delle Canzoni:

Cavallo sfurtunato
Morire sulla tua bocca
A celentana
Mamma
Palomma d'o mare
A Ravello con te
O surdato 'nnammurato
Lacreme napulitane
n campagna è n' ata cosa
Serata 'e divertimento
Fenesta verde
Suonn' 'e felicità
Chiesetta nella valle
Zoccoletti
Cantenera
Cose perdute

Orchestra Olivieri

Titolo delle Canzoni:

Marescuro
Mò te voglio bbene
Ddoje zingare
Nfama e bugiarda
Santa Lucia si tu

Orchestra F. Rendine

Titolo delle Canzoni:

Surriento d' 'e nnammurate
Purtatele 'stu core
Straniera a Napule
Si senza core
Bonasera
Canciello 'e sposa
Margherita d' e fiore
Napule aspetta a tte...
Fenestella

1951

Etichetta: La voce del Padrone
Titoli delle Canzoni:

Orchestra Guarino

Passione
Scetate
Napule e Surriento
Rusella 'e maggio
Sona chitarra
Io 'na chitarra e a luna

Orchestra Olivieri

Desiderio
Fazzuletto arricamato
Mala femmena
o lupo e 'a pecorella
Sullo specchio del passato

Orchestra F. Rendine

Che t'aggio fatto 'e male?
Fra Napule e Milano
Luna lù!
Chiammatela buscia
Scurriato schiocca!
Punto e basta
Amalia calamita
Nemmeno 'e rrose
Vulesse addeventà!..
Fenesta rosa
Romanzo d'ammore
Balcone antico

Orchestra Olivieri

Margellina 'nnammurata
Viulino d' 'o core
Pusilleco
Buone amice
E rrose t'aspettano
Fra cielo e mare
Santa pacienza
Che m'ha saputo fa ... stu quarto 'e luna
Lassame
Nenna né
Canario carcerato
Chitarre 'e Napule
La mia strada
Angelarò
Me so 'mbriacato 'e sole
Funtana all'ombra
Canzona appassiunata

1952

Etichetta: La voce del Padrone
Titoli delle Canzoni:

Orchestra Guarino

‘O vico d' 'e suspire
Manduline napulitano
Tu si nata 'o mese 'e marzo
Stornellatella mia
o bbene mio
Innammurato 'e Capemonte
Femmene ... sciure e musica
Cumpagno 'e tutte ll'ore
A chi vulite bene?
Suonno ... suonno
Quatto passe pe' Tuleto
a rossa
cagne penziero
Uno, doie e tre
Maria catena
Fernuta pe mmè
‘A meglia serenata
Facimmo ammore sottovoce
Cara Lucia
Lettera napulitana
Luna d'argiento
Quanno staje cu mme!

Orchestra Olivieri

Vasammoce 'na vota
io rammariello
'A figlia d'o cecato
Nun m'aspettà

Margellina
Li Funtanelle
Nun è curaggio è ammore
Lassame sunnà
Maria è robba mia
Sciummo
Nustalgia
'A spingola
Mandulinata 'e marenaro
Giovinotto amante
Margellina
Li funtanelle
Cara Lucia
Nun è curaggio ... è ammore
Sciummo
Lassame sunnà
Nustalgia

Non indicato

Nun tene core
o vico d'e'suspire

1953

Etichetta: La voce del Padrone
Titoli delle Canzoni:

Orchestra Olivieri

Viale d'autunno
Il passerotto
Domandatelo
Campanaro
Vennegna
Miette 'a meglia
o sole 'e Napule
Bella si tu vuò sapé
o viento
Balcunciello 'e nisciuno
o balcone 'e Napule
Suonno sunnate
'ncatenato d' 'o mare
mmieze 'e rrose
Canzuncella p'e furastiere
Bella ca bella si!

Orchestra G. Anepeta

'A Luciana
Si turnasse
'E surdatielle
ncopp 'e Camaldule
Torna dimane
Chitarella chitarré
Vasame e va
'E ccerase
Core 'e sapunariello
Autunno senz' 'e te

ncopp 'e Camaldule
Si turnasse
e ce steva 'na fata
Tutto azzurro
Giuramento
Nun si 'na 'nnammurata
Sole Gentile
Nanninella
Serenatella '0 sole
o cunvento
a villanova
Filucciello e cannetella
Venite 'o Chiatamone
Rosaspina
La pansé
Tre cose
Te sto aspettanno
Quanno staje cu mme
e ffronne
voce 'e campana
Signor presidente
Maletiempo
Sulo si moro
Sott' 'o Rilorgio
Voglio bene (a chi me vo' bene)
Brunettella d'Antignano
Serenata suspirosa
Luna gelosa
e chiove
So pazzo pe' tte

1954

Etichetta: La voce del Padrone
Titoli delle Canzoni:

Orchestra G. Anepeta

Pulecenella
Airessera
L'ammore vo girà
Serenata embé
Quann'ero surdato
'O core vo fa sciopero
Rota e fuoco e faccie e neve
Che de ll'ammore
Penzammoce
Ma guarda a cumbinazione
Serenata e n'angelo
'A cemmenera
Serate e chitarre
Nun l'aggiu vista cchiù
Vesuvianella
Embé mberebé mbembé
'O scarpariello
Comme s'aspetta o sole
Aummo aummo
Suora Maria
Quanno l'ammore trase
Embé mberebé mbembé
Ammore ammore
Scapricciatiello
'O maruzzaro
Nustalgia e napule
Geluso de rose
Tutto e niente
Comme se canta a Napule

Sona chitarra
Surdate
Tarantella Luciana
Napule ca se ne va
Sona chitarra
Qui fu Napoli
Palomma e' notte

Orchestra Giannini

Tra veglia e suonno
Serenata a muglierema
S. Lucia de piscature
A poco a poco a poco
Come so belle e femmene
Capurale portelettere
'A gelusia
'A mazzarella magica
'A strada d' 'e suonne

Orchestra Oliviero

Suona campana
Bella de suonne
'Na buscia
Scalinatella
Sciummo
Femmena e uommene
Carruzzella e ll'ammore
Voglio spusà (aglie e fravaglie)
'O vico de zitelle
'A ze maestà
Accattateve e viole
Confiette amare
Vocca pittata
Inutilmente

È stato Marechiaro
Paesiello

Orchestra Caliendo, Cusano, Rendine

Comme facette mammete
Dringhete ndrà
Maggio napulitano

1955

Etichetta: La voce del Padrone
Titoli delle Canzoni:

Maruzzella
Erba di mare
Geluso e te
Me somgo 'nnammurato
a luna chiara
ddoie stelle so cadute
a buonanima e ll'ammore
o ritratto e Nanninella
e rose chiagneno
Napule sotto e ncoppa
Nuttata e sentimento
o zampugnaro nnammurato
o nfinfero
Barbarella
a cravatta
Uocchie celeste
Pli plo pla
Senza guapparia
Non voglio fa o sergente
Chitarre e manduline
Casarella e sposa
Pupatella d'Arenella
Vienetenne a Positano
nnammuratella
o nzisto
Ciccillo e Vicenzella
Spatella argiento
Quanno a Luna nun ce sta
Sotto a luna
L'urdemo treno
Vienetenne

Addò staje tu
o sciupafemmene
Sotto 'o balcone
Suaré
Tammurriatella gelosa
Nuttata 'e gelusia
o professore e ll'ammore
Chiagne nu mandulino
Paese mio
Lacreme e primmavera
Ll'urdemo zampugnaro
Carruzzella
Oj mare
Lassano Napule
Core analfabeta
L'ostricaro nnamurato
Lucianella
Ddoie maschere
Vela d'ammore
Ho sognato la fortuna
Ileana
L'ultimo saluto
Vienetenne a Positano
Tu parte
Mo c'aggiu perzo a tte
Canti nuovi
Amor di pastorello
A mezzanotte
Banane gialle
Signorinella
Cara piccina

1956

Etichetta: La voce del Padrone
Titoli delle Canzoni:

Napule è tutta 'na canzone
Ddoie parole
T'aspetto 'e nove
Palcoscenico
Ciumachella
A luciana
Pizzeche e vase
A pazzarella
Vino, vino
Chianu chianu
a quaterna
Suspiranno 'na canzone
Piccerella
Peppeniello o trumettiere
a palummella
Manname 'nu raggio e sole
Nun me guardà
Adduormete
Chitarra mia napulitana
Tre rose rosse
Russulillo e russulella
Crespo 'e seta
L'ultima sigaretta
E' arrivato Pachialone
Pota po'
Guaglione
Curre curre ciucciarié
Sciuscù
Napule e Gennarino
o giravite
Passione amara

Piscaturella
Carrettiere napulitano
Vocca e granato
Faccia 'e velluto
a striratrice
o jucatore
Pettine d'avorio
Cha cha cha napulitano
Tu si a cchiù bella e na
Tutta core
Nicola 'o scic
Quadrillo napulitano
Funtanella chiacchierona
Carte 'e tresette
Ma pecché voglio bene a
o lione e Margellina
a munacella
Chella llà
Senz'e' te
o russo e 'a rossa
o maruzzaro
o mercante
a perla nera
Buono guaglione
Si chiama stella
na santa
Chi ma perduto
Palcoscenico
Core cuntento 'a loggia

1957

Etichetta: La voce del Padrone
Titoli delle Canzoni:

Buon anno, buona fortuna
Serenatella sciué sciué
Casetta in Candà
Venezia mia
Il pericolo nr. 1
Pienzece buono
Maliziusella
Che me 'mparata a ffa
Usignolo
La più bella canzone de
a ricetta pe furastiere
Cielo, mare e Surriento
Lusingame
Maliziusella
Luna parlante
Malinconico autunno
Stellamarina
Suonno e fantasia
Si comm' 'a n'ombra
Serenatella 'e maggio
Strorta va dritta vene
Passeggiatella
Lazzarella
Felicità
Cantammola sta canzone
Napule, sole mio
o treno da fantasia
L'ultimo raggio 'e luna
Musica all'italiana
Suonno 'e fantasia
A serenata 'e pullecenella

Tarantelluccia
Che me fatto, che me fatto
nnammurate dispettuse
Oi bello fammelo sapé
Io quando dico sette
Tu me vuò bene
Malepensiero
Trapanarella
Giangiacomomaria
Scugneziello 'nnammurato
E tippe tippe tì
Chella teneva 'o ppepe
Nanassa
Asse e coppe
o fuoco e ll'acqua
Doppo Pasca cieneme pesca
a sonnambula
Dispettusella
Serenata a Carulina
a sciascione
Giangiacomomaria
Scalella 'e seta
Guappo e cartone
Dispettusella
Malepensiero
Sfaticatella
Pazzagliona
a surrentina mia
Chella è nata ca camise
Lla ri lli rà
Piccolissima serenata
Canzuncella a ddoie voce
Chella d'o nievo 'nfaccia
nu giro e ballo
Baccalà
Ma è proprio overo?

Cuzzeché
Che tuorna a ffa?
o lupo
Dimane chi sa
Trezzulella

1958

Etichetta: La voce del Padrone
Titoli delle Canzoni:

Mastro Andrea
Nun fa cchù a francesa
‘o palluncino
Suonno a Marechiaro
Serenata arrangiata
Chiove a zeffunno
‘o cantastorie
Torna a vucà
Rosì tu si l'amor
Vurria
Voglio a tte
Tuppe tuppe mariscià
Sincerità
Giulietta e Romeo
Sole maggese
‘e suonne
Margherita e' fuoco
Pasquale passaguaie
Napule e Parigi
Addo và
Slow a via Caracciolo
Comm'a ll'onna
Me mporta sulo e ' te
Na rosa nu vasillo e na canzona
Bonasera
Manco p''a capa
‘o guappo de canzone
te chiamme dimane
Miraggio
na carruzzella
Nina Ninetta

L'onorevole Nicola
Il sottoscritto
Zitto oj core
Vienetenne a Surriento
Serenata e piscatore
Ricordati di Napoli
Luntano 'a te!
Serenata zunzunzù
Carulì
Sempre con te
Tua

1959

Etichetta: La voce del Padrone
Titoli delle Canzoni:

Piove
Conoscerti
Ammore amaro
Giacca rossa
So' masculo, Carmé
Fravulella
O destino 'e llate
Napulione e Napule
Solutudine
Passiuncella
Accussì
Primma e doppo
Primmavera
Stella furastera 'sta miss nciucio
sta mis nciucio
mbraccio a te
Sarrà chisà
Vieneme 'suonno
Napulione e Napule
Suttanella e canzuncielle
o giubox 'e Carmela
Senza parole
o schiaffiere
Viene cu 'mme sotto a sta luna
o peccatore
a primma canzone
Dimmella sta buscia
Perzechella, perzeché
Chianu chianu
Mille vase
Si ce lassammo

Core a core cu nu raggio e luna
a pianta 'e rose
Marenarella
Senz' e' te
Mariù che bellu mare

1960

Etichetta: La voce del Padrone
Titoli delle Canzoni:

Incandescente
Il mare
Stranamente
E' mezzanotte
Serenata a Margellina
a fata d' 'e suonne
Ce steva 'a luna
Segretamente
Mare e marine
Musica 'mpruvvisata

1980

Etichetta: La voce del Padrone
Titoli delle Canzoni:

Lo cocchiere d'affitto
Ogge, dimane
E bonasera ammore
'O Guappo nnammurato
Speranzella
È asciuto pazzo 'o patrone
Mare malato
Evvì evvì evvà
Amaro è 'o bbene

Discografia per supporti

33 giri

1961: I grandi successi di Sergio Bruni (La Voce del Padrone, QELP 8032)

1963: Pentagramma Napoletano (La Voce Del Padrone, QELP 8080)

1965: Napule Napule Na'... (La Voce del Padrone, QELP 8120)

1966: 'O ritratto 'e Napule (La Voce del Padrone, QELP 8153)

1967: Omaggio a Vian (La Voce del Padrone, QELP 8165)

1967: Pentagramma napoletano n° 3 (La Voce del Padrone, QELP 8175)

1970: Bruni Special (EMI Italiana, 3C064-17279)

1970: Bruni Special n° 2 (EMI Italiana, 3C064-17643)

1971: 'Ncopp' a ll'onna (EMI Italiana, 3C064-17741)

1972: Suonno a Marechiare (EMI Italiana, 3C048-51452)

1973: Canti nuovi (EMI Italiana, 3C048 17898)

1973: Le più belle canzoni italiane (Amico, ZSKF 55132)

1973: La grande canzone (Amico, ZSKF 55329)

1976: Levate 'a maschera Pulicenella (CAM, Lucky Planets, LKP 742)

1980: Suonno 'e fantasia (Dischi Ricordi - Serie Orizzonte, ORL 8424)

45 giri

1957: Maruzzella/T'aspetto 'e nove (La Voce del Padrone, 7MQ 1054)

1957: Sciummo/Serenatella sciuè sciuè (La Voce del Padrone, 7MQ 1056)

1958: Maliziusella/Lusingame (La Voce del Padrone, 7MQ 1070)

1958: Suonno a Marechiare/Vurria (La Voce del Padrone, 7MQ 1105)

1958: Serenata 'e Piscatore (3° premio Piedigrottissima)/Vienetenne a Surriento (La Voce del Padrone, 7MQ 1157)

1959: Napoli e Parigi/Addò va (La Voce del Padrone, 7MQ 1120)

1959: Piove/Conoscerti (La Voce del Padrone, 7MQ 1182)

1959: Giacca rossa/Ammore amaro (La Voce del Padronc, 7MQ 1193)

1959: Passiuncella/Solitudine (La Voce del Padrone, 7MQ 1240)

1959: 'Mbraccio a te/'Sta miss 'nciucio (La Voce del Padrone, 7MQ 1243)

1959: Vieneme 'nzuonno/Sarrà...chi sa? (La Voce del Padrone, 7MQ 1244)

1959: Vieneme 'nzuonno/Solitudine (La Voce del Padrone, 7MQ 1259)

1959: Perzechella, Perzechè/Dimmella sta buscia (La Voce del Padrone, 7MQ 1277)

1959: 'O zampugnaro 'nnammurato/Nuttata 'e sentimento (La Voce del Padrone, 7MQ 1286)

1959: Mille vase/Chianu chianu (La Voce del Padrone, 7MQ 1310)

1959: Si ce lassammo/Core a core cu nu raggio 'e luna (La Voce del Padrone, 7MQ 1316)

1959: Marenarella/'A piante 'e rose (La Voce del Padrone, 7MQ 1317)

1960: Il mare/È mezzanotte (La Voce del Padrone, 7MQ 1349)

1960: Il mare/Incandescente (La Voce del Padrone, 7MQ 1350)

1960: È mezzanotte/Stranamente (La Voce del Padrone, 7MQ 1351)

1960: Acquarello napoletano/Il passerotto (La Voce del Padrone, 7MQ 1395)

1960: Serenata a Mergellina/'A fata d' 'e suonne (La Voce del Padrone, 7MQ 1406)

1960: Segretamente/Ce steva 'a luna (La Voce del Padrone, 7MQ 1407)

1960: Uè uè che femmena!/Pè tutt'a vita accussì (La Voce del Padrone, 7MQ 1437)

1960: Pulicenella a Napule/Dammuncella (La Voce del Padrone, 7MQ 1467)

1960: Piscaturella/Buon anno...buona fortuna (La Voce del Padrone, 7MQ 1475)

1960: Comme facette mammeta/La palommella (La Voce del Padrone, 7MQ 1477)

1960: Comme 'o zuccaro/Dduie paravise (La Voce del Padrone, 7MQ 1478)

1961: Carolina, dai!/Il mio domani (La Voce del Padrone, 7MQ 1528)

1961: Mandolino...mandolino/Luna di carta (La Voce del Padrone, 7MQ 1529)

1961: T'è pigliato 'o sole/Stelle e maschere (La Voce del Padrone, 7MQ 1599)

1961: Tutt'e dduie/Si me lasse (La Voce del Padrone, 7MQ 1600)

1961: Ce steva 'na vota/'O locco (La Voce del Padrone, 7MQ 1625)

1961: Dint' 'a sta lacrema/Mare verde (La Voce del Padrone, 7MQ 1626)

1961: Pittore celebre/Scugnizza caprese (La Voce del Padrone, 7MQ 1627)

1961: 'O cappotto/Inferno (La Voce del Padrone, 7MQ 1637)

1961: Paese mio/Napule Napule Na' (La Voce del Padrone, 7MQ 1672)

1962: Tango italiano/Non mi dire (La Voce del Padrone, 7MQ 1687)

1962: Gondolì gondolà/Ti penserò (La Voce del Padrone, 7MQ 1688)

1962: Durmì/Tutt' 'e strade (La Voce del Padrone, 7MQ 1729)

1962: Marechiaro, Marechiaro/Dimme (La Voce del Padrone, 7MQ 1730)

1962: Chiove/Funtana all'ombra (La Voce del Padrone, 7MQ 1731)

1962: 'O surdato 'nnammurato/Lacreme napulitane (La Voce del Padrone, 7MQ 1747)

1962: Niente/D'ammore nun se more (La Voce del Padrone, 7MQ 1761)

1962: Ombra 'e stu core/Mmiezz''o mare (La Voce del Padrone, 7MQ 1762)

1962: Piedigrotta/Notte lucente (La Voce del Padrone, 7MQ 1763)

1963: Sull'acqua/Cavalcata (La Voce del Padrone, 7MQ 1778)

1963: Un cappotto rivoltato/Un letto di sabbia (La Voce del Padrone, 7MQ 1778)

1963: 'E cancelle/'A varca a vela (La Voce del Padrone, 7MQ 1831

1963: 'A chitarra e tu/'Na cartolina (La Voce del Padrone, 7MQ 1843)

1963: Nun lassà Surriento/'Ncopp''a chitarra (La Voce del Padrone, 7MQ 1844)

1963: Dint''a chiesa/Io sono e chiagno (La Voce del Padrone, 7MQ 1845)

1964: Indifferentemente/'A sirena (La Voce del Padrone, 7MQ 1904)

1964: Si turnata/Papilluccio e Cuncettina (La Voce del Padrone, 7MQ 1919)

1964: Napule è una/Se Dio vulesse (La Voce del Padrone, 7MQ 1920)

1964: Me parlano 'e te/Rosa 'nfamità (La Voce del Padrone, 7MQ 1921)

1964: Scalinatella/Canzona appassiunata (La Voce del Padrone, 7MQ 1922)

1964: Te voglio bene assaie/Fenesta vascia (La Voce del Padrone, 7MQ 1927)

1965: Lu guarracino/Totonno 'e quagliarella (La Voce del Padrone, 7MQ 1986)

1965: Dduje giuramente/'O ritratto 'e Napule (La Voce del Padrone, 7MQ 1990)

1965: 'A vita mia/Dint''e suonne (La Voce del Padrone, 7MQ 1991)

1965: Core napulitane/Schiavo d'ammore (La Voce del Padrone, 7MQ 1992)

1965: Mare, mare, mare/'A frennesia (La Voce del Padrone, 7MQ 1993)

1966: Suonno a Marechiaro/Canzone 'mbriaca (EMI/La Voce del Padrone, MQ 2022)

1966: Lacreme napulitane/Serenata smargiassa (EMI/La Voce del Padrone, MQ 2041)

1966: Ischia/'A mal'annummenata (EMI/La Voce del Padrone, MQ 2043)

1966: Perdonami Maria/Datemi un poco di sole (EMI/La Voce del Padrone, MQ 2056)

1966: Scriveme/E invece sì tu (EMI/La Voce del Padrone, MQ 2058)

1966: Bella/Ma pecchè (EMI/La Voce del Padrone, MQ 2059)

1967: 'O ritratto 'e Nanninella/Luna rossa (EMI/La Voce del Padrone, MQ 2078)

1967: 'O Vesuvio/Bene mio (EMI/La Voce del Padrone, MQ 2097)

1967: Mia/Primma ca tu nascive (EMI/La Voce del Padrone, MQ 2098)

1968: Mandulino ammore mio/'A luna (EMI/La Voce del Padrone, MQ 2125)

1968: Bandiera bianca/Nun dirme addio (EMI/La Voce del Padrone, MQ 2136)

1968: Serenata azzurra/Canzona napulitana (EMI/La Voce del Padrone, MQ 2137)

1969: Scetate/La tarantella (EMI/La Voce del Padrone, MQ 6503)

1969: L'ultima sera/'Nnammurata busciarda (S.N.D. Record, NP 7001)

1969: Ciente appuntamente/Giuvanne simpatia (S.N.D. Record, NP 7002)

1970: Il sole è nato a Napoli/Ll'ultimi rrose (Sound, SD 5001)

1970: Quanno sponta primmavera/'A straniera (Sound, SD 5002)

1971: Marechiare/Lu cardillo (Sound, 20002)

1971: Che t'aggia dì/Mierolo affurtunato (Sound, 20004)

1971: Funiculì funiculà/Luna nova (Sound, 20006)

1971: Nun me scetà/Io, 'na chitarra e 'a luna (Sound, 20009)

1971: 'Na bruna/'Na parola (Sound, 20020)

1973: Tammurriata nera/Palcoscenico (Amico, ZF 50274)

1976: Napule nun t'ò scurdà/Masaniello (CAM, AMP 183)

1981: Napule è mille ferite/Che le conto? (GM, 4501)

CD

1994: Sergio Bruni - La voce di Napoli (EMI, 7243 8 31219 2 2)

Raccolte

1991: Antologia della Canzone Napoletana, Vol.1 (Zeus record, MC:ZS2914)
1991: Antologia della Canzone Napoletana, Vol.2 (Zeus record, MC:ZS2924)
1991: Antologia della Canzone Napoletana, Vol.3 (Zeus record, MC:ZS2934)
1991: Antologia della Canzone Napoletana, Vol.4 (Zeus record, MC:ZS2944)
1991: Antologia della Canzone Napoletana, Vol.5 (Zeus record, MC:ZS2954)
1991: Antologia della Canzone Napoletana, Vol.6 (Zeus record, MC:ZS2964)
1991: Antologia della Canzone Napoletana, Vol.7 (Zeus record, MC:ZS2974)
1991: Antologia della Canzone Napoletana, Vol.8 (Zeus record, MC:ZS2984)
1991: Antologia della Canzone Napoletana, Vol.9 (Zeus record, MC:ZS2994)
1991: Antologia della Canzone Napoletana, Vol.10 (Zeus record, MC:ZS3004)
1991: Antologia della Canzone Napoletana, Vol.11 (Zeus record, MC:ZS3014)
1991: Antologia della Canzone Napoletana, Vol.12 (Zeus record, MC:ZS3024)
2004: Com'era bello il Festival della Canzone Napoletana, vol.4 (Mea sound, CD:MEACD 621) con Mario Trevi
2004: Com'era bello il Festival della Canzone Napoletana, vol.5 (Mea sound, CD:MEACD 622) con Mario Trevi
2004: Com'era bello il Festival della Canzone Napoletana, vol.6 (Mea sound, CD:MEACD 623) con Mario Trevi
2004: Com'era bello il Festival della Canzone Napoletana, vol.7 (Mea sound, CD:MEACD 624) con Mario Trevi

Filmografia

Serenata a Maria, regia di Luigi Capuano (1957)
Che cosa è successo tra mio padre e tua madre? (Avanti!) regia di Billy Wilder (1972)
Il viaggio, regia di Vittorio De Sica (1974)

Bibliografia

Ettore De Mura - Enciclopedia della canzone napoletana, Il Torchio editore (1968)
Antonio Sciotti - Cantanapoli. Enciclopedia del Festival della Canzone Napoletana 1952-1981, Luca Torre editore (2011)
Pietro Gargano - Nuova enciclopedia illustrata della canzone napoletana 2006 -2015 Magmata editore
Giovanni Battista - Enciclopedia sulla Canzone Napoletana, LFA Publsiher (Lello Lucignano Editore) 2018
Vittorio Paliotti, Storia della canzone napoletana. Roma, Newton & Compton editori 2004
Giuseppe Tafuri, Napoli e la sua canzone. Dizionario dei poeti e musicisti, Napoli, Elide 1949
Franco Fabbri, Around the clock. Una breve storia della popular music, UTET

Pasquale Scialò, La canzona napoletana. Roma, Newton&Compton, 1998

Pasquale Scialò, La canzona napoletana. Dalle origini ai giorni nostri, Roma, Tascabili economici Newton, 1995

Pasquale Scialò, Venti voci per un lessico, Concerto napoletano, Lecce, Argo, 1997, pag. 66

Diego Librando, Il Jazz a Napoli: dal dopoguerra agli anni Sessanta, Guida editori, Pag 105,106

Sebastiano Di Massa, Storia della canzone napoletana, Napoli, Fausto Fiorentino Editrice, 1982

Sergio Bruni, Scontri e Incontri, Roma, Il Campanile, 2001

Luigi M. Loschiavo, Storia di piedigrotta, Roma, 1974

Salvatore Palomba, La canzone napoletana. L'ancora del mediterraneo, 2001

Roberto Di Simone, Appunti per una disordinata storia della canzone napoletana, allegato all'opera discografica Sergio Bruni. Napoli la sua canzone, Napoli G.M, 1984

Antonio Ghirelli, Voce e storia di una città "Euros", N°1 02/02 1994

Armando De Rosa, Tommaso Di Nardo, Sergio Bruni il cantore di Villaricca, Ed. Cento Autori, 2007

Pro Loco Villaricca, Premio Villaricca Sergio Bruni, La canzone napoletana nelle scuole VII ed. Comune di Villaricca, 2009

Salvatore Palomba, Stefano Fedele, cominciare da Di Giacomo, Premio Villaricca – Sergio Bruni, La canzone napoletana nelle scuole, Ed. UNPLI 12/2007

Monica Tambaro, Il corpo della voce, Sergio Bruni interprete -Tesi in Storia della musica - Conservazione dei Beni Culturali – Ist. Univ. Suor Orsola Benincasa, Facoltà di Lettere, Napoli, 2004

Maurizio Maiotti (con la collaborazione di Armando Buscema), 1944-1963: i complessi musicali italiani. La loro storia attraverso le immagini, Maiotti Editore, 2010, alla voce Sergio Bruni e i suoi Cadetti, p. 357, ISBN 88-901228-6-2

Salvatore Tolino, Mostra storica permanente della Poesia, del Teatro e della Canzone Napoletana, Istituto Grafico Editoriale Italiano, 1999

Maurizio Maiotti (con la collaborazione di Armando Buscema), 1944-1963: i complessi musicali italiani. La loro storia attraverso le immagini, Maiotti Editore, 2010, alla voce Sergio Bruni e i suoi Cadetti, p. 357, ISBN 88-901228-6-2.

Bruna Chianese, Mio padre Sergio Bruni, la Voce di Napoli, Editore Rogiosi, 2011

Sitografia

http://www.canzoneitaliana.it/catalogsearch/result/?q=sergio+bruni

http://www.ildiscobolo.net/BRUNI%20SERGIO%20HOME.htm

http://www.carlocasale.it/?s=sergio+bruni&submit=

https://prolocovillaricca.it/sito/

http://www.sergiobruni.it

https://www.discogs.com/it/Sergio-Bruni-Una-Voce-Una-Città/release/7104558

http://www.premiovillariccasergiobruni.it

http://www.storiaradiotv.it/

Fotografie: Fonti web. Non è stato possibile rintracciare gli autori. Ad uso esclusivamente della tesi e della pubblicazione della stessa. Inviate una mail per rimuoverle, info@prolocovillaricca.it

Ringrazio con grande affetto:

L'Associazione Pro Loco di Villaricca nella persona del Presidente Dott. Armando De Rosa, componente del Comitato scientifico per la valorizzazione del patrimonio linguistico napoletano (Decreto Presidente Consiglio Regionale della Campania n.6 01/05/20) che con immensa dedizione e passione ha voluto stampare questo lavoro di Tesi di Master.

Grazie al Dott. Tommaso Di Nardo per l'impegno e la dedizione nel tenere vivo la memoria del Genius Loci di Villaricca.

Un particolare ringraziamento va alla famiglia del Maestro Sergio Bruni nelle persone di Adriana, Bruna ed Eva, che con gioia ed attenzione ha accolto questo lavoro.

Grazie ai Maestri tutti, del Master in Canzone e Lingua Napoletana del Conservatorio Giuseppe Martucci di Salerno, in particolare ai M° Pasquale Scialò, Francesca Seller, Salvatore Palomba, Filippo Morace, Antonello Mercurio, Antonia Lezza, Espedito De Marino, Gianni Mola, Rosanna Di Giuseppe e tutti i miei compagni di corso di questo stupendo Master del Conservatorio di Salerno.

Grazie a Maria ed ogni suo sorriso, mia madre Anna e mio padre Giovanni che oltre le nuvole mi fa sapere che ha apprezzato visto che adorava Sergio Bruni.

Grazia a Ferdinando Guarino, Gianbattista Sarto. Grazie al Maestro Massimo Capocotta per i suoi aneddoti ed episodi con il Maestro, ai

Marenia, Bidonvillarik, Guarracini e Acquazone e tutti i miei colleghi; a Geppino Palumbo che dall'Albania organizza corsi e attività di sensibilizzazione nella canzone e lingua napoletana e soprattutto grazie a Villaricca a cui dedico questo scritto che nel molto fare e nel poco dire, diede i natali anche a me!

Villaricca, 12/06/2020 *Raffaele Cardone*

Foto: 4 - Settembre 1982 Sergio Bruni con Armando De Rosa. Villaricca festa del giglio.

www.ingramcontent.com/pod-product-compliance
Ingram Content Group UK Ltd.
Pitfield, Milton Keynes, MK11 3LW, UK
UKHW040028200726
13854UKWH00001B/407